Una heroína improbable

AF174012

Cover and Chapter Art by
Yashodha Pathirana

by
Faith Laux

Edited by
Carol Gaab

ISBN: 978-1-64498-077-4

Fluency Matters, P.O. Box 11624, Chandler, AZ 85248
info@FluencyMatters.com • FluencyMatters.com

About the Author

Faith Laux has been enthusiastically teaching Spanish since 2005. She holds a bachelor's degree in Spanish and a master's degree in Curriculum and Instruction from the University of Florida. She supports teachers in the areas of classroom management, emotional intelligence and fostering wellbeing at various conferences throughout the country.

Originally from Florida, she now resides in the Midwest as she relishes the brief, balmy winters. An avid reader of fiction, Faith loves harnessing her creativity to contribute to the resources available to teachers and language learners.

A Note to the Reader

This hilarious Comprehension-based™ reader is based on 155 high-frequency words in Spanish. It contains a *manageable* amount of vocabulary and numerous cognates (words that are similar in two languages), making it an ideal read for beginning language students.

All vocabulary is listed in the glossary. Keep in mind that many verbs are listed in the glossary more than once, as most appear throughout the book in various forms and tenses. (Ex.: I go, he goes, let's go, etc.) Words and phrases that would be considered beyond a novice level are footnoted within the text, and the meaning is given at the bottom of the page where the expression first occurs.

This story is intended for educational entertainment. We hope you like the story and enjoy laughing your way to FLUENCY.

Índice

Prólogo

Yo había pensado que los superhéroes solo existían en los cómics. Solo eran fantasías de la imaginación. Yo pensaba que no era posible que existieran personas con el poder de la invisibilidad o el de controlar objetos. Eso sería ridículo.

Ahora yo soy una de esas personas. Realmente no quiero mi superpoder. Quiero ser una chica normal. No quiero ser una superheroína…, pero tenemos que pintar* con los colores que tenemos.

*pintar - to paint

Capítulo 1
Un día especial

Anabel estaba cansada. No durmió bien. Salió de su dormitorio y vio a su mamá y a su hermana, Lupe.

– ¡Feliz cumpleaños, Anabel! –gritaron.

– Te preparé tus panqueques favoritos con banano y chocolate –le dijo su mamá, sonriendo–. Te quiero mucho.

Anabel sonrió y le respondió a su mamá:

– Gracias, mamá. Yo también te quiero.

Anabel y su hermana comían los panqueques. Su mamá las observó y pensó: «¿Por qué Anabel no come mucho?»

> – ¿Estás bien, Anabel? –le preguntó su mamá–. Te ves cansada.
>
> – No dormí bien –le respondió Anabel–. Solo dormí una o dos horas. Estoy cansada.
>
> – ¿Por qué no dormiste? ¿Qué te pasa? –le preguntó su mamá.
>
> – Tengo una sensación rara en el estómago. –le respondió Anabel.
>
> – ¡Ay, lo siento! ¿Te sientes bien para ir a la escuela?

Anabel no se sentía bien, pero de todos modos[1], ella quería ir a la escuela. Anabel realmente quería ver a Gabriel, el chico más popular de la escuela. Anabel pensó: «Si no voy a la escuela, no puedo ver a Gabriel. ¡Quiero verlo!». Anabel sonrió y le respondió a su mamá:

[1] *de todos modos - anyway, regardless*

– Sí mamá, puedo ir a la escuela.

La hermana de Anabel escuchaba la conversación y sonreía. «Yo sé por qué Anabel quiere ir a la escuela. Ji, ji.», pensó ella. Anabel miró a su hermana y sonrió. Notó que su hermana tenía una foto en la mano.

– ¿Qué hay en esa foto? –le preguntó Anabel.

Su hermana levantó la foto en el aire y la movió con entusiasmo. En ese momento, Anabel agarró la foto y vio que… ¡era Gabriel! Era una foto de Gabriel cuando solo tenía 7 años. Anabel miró la foto y sonrió. Entonces, vio un poema:

No soy una hermana cruel.

Es obvio que piensas en Gabriel.

Para el día de tu cumpleaños,

tienes en tus manos,

Una foto fabulosa de él.

♡, Lupe

– ¡Ja, ja, ja! –Anabel tenía vergüenza.

– ¡Feliz cumpleaños, hermana!

Capítulo 2
Amigos

Anabel caminó hacia su lócker. Vio que estaba decorado para su cumpleaños. Había una explosión de color en su lócker. «¡Olivia!», pensó Anabel, sonriendo. Había fotos de Anabel y su amiga, Olivia, cuando eran niñas, mensajes para su cumpleaños y papeles de muchos colores.

¡Anabel tenía vergüenza! A ella no le gustaba llamar la atención. Tenía vergüenza, pero también se sentía feliz.

Anabel miraba su lócker y sonreía. Entonces, ella sintió otra vez la sensación rara en el estómago. Sintió mucha presión. A Anabel no le gustó esta rara sensación. «¿Qué me está pasando?», pensó. En ese momento, Anabel escuchó una voz familiar.

– ¡Feliz cumpleaños, amiga! –gritó Olivia.

Anabel sonrió y caminó hacia Olivia. Ya no pensó más en la rara sensación que tenía en el estómago.

– Gracias, Olivia –le respondió Anabel–. Y gracias por decorar mi lócker. ¡Ay, qué vergüenza! Oliviaaaaaa… Ja, ja, ja.

Las dos amigas caminaron al patio. Su amigo, Blake, estaba sentado en el patio y sonrió cuando vio a las chicas.

– Feliz cumpleaños, Anabel –le dijo Blake.

– Gracias, Blake.

– ¿Qué vas a hacer en tu día especial?

Anabel sonrió. Tenía vergüenza. Realmente no quería confesar lo que quería hacer en su cumpleaños. Planeaba hablar con Gabriel.

– ¿Qué voy a hacer en mi día especial?... ¿Saben que Gabriel terminó con Maddie? Como él ya no está con ella, es la ocasión perfecta para hablar con él.

– Maddie es una persona horrible. Es más cruel que la señora Gruñones –comentó Olivia.

– ¡No existe una persona más cruel que la señora Gruñones! –exclamó Blake.

– ¡Es verdad! –exclamó Olivia–. Ella tiene el poder de insultar a una persona con solo mirarla.

– ¡Exacto! Es obvio que todos los días ella piensa en cómo atormentar a los estudiantes –dijo Blake.

– Sí, es verdad –respondió Olivia–. Ayer Ben entró a su clase solo un minuto tarde. La señora Gruñones lo miró con crueldad, pero no le dijo nada. Nervioso, Ben le dijo: «Lo siento, Señora. Estaba en el baño». ¡Todos estábamos muy nerviosos! Había un silencio total. Ben se sentó rápidamente y la señora Gruñones caminó hacia él. Ella estaba sonriendo, pero no era una sonrisa amigable. Entonces, le dijo cruelmente: «Tienes la inteligencia de una roca. Y no te estoy insultando a ti… Estoy insultando a la roca».

– ¡Qué terrible! –exclamó Anabel y, en ese momento, otra vez sintió esa sensación rara en el estómago.

La sensación era como una expansión…, una presión. Le dolía el estómago. Anabel no se sentía bien. Realmente no quería estar en la escuela, pero ¡quería ver a Gabriel!

Anabel se fue a la clase de Matemáticas. Estaba cansada y todavía le dolía el estómago. La presión que sentía en el abdomen era inmensa. «¿Tengo apendicitis?», se preguntó. Apendicitis o no, Anabel no se iba a ir de la escuela. Estaba decidida. ¡Iba a hablar con Gabriel!

Capítulo 3
Presión

Anabel entró a la clase de Español con ¡la señora Gruñones! La señora Gruñones era la maestra más estricta y más cruel de la escuela. A Anabel no le gustaba ni la clase ni la maestra.

Anabel no se sentía bien cuando entró a la clase. Todavía le dolía el estómago y, al ver a esa terrible profesora, sintió aún[1] más presión en el abdomen. La señora Gruñones estaba sentada enfrente de la clase.

[1] aun - even

Nerviosa, Anabel se sentó. Entonces, lo vio... Vio a Gabriel. Anabel quería hablarle, pero él estaba hablando con otro chico. Anabel pensó en lo que le iba a decir. Practicó silenciosamente varios comentarios: «¡Hola, Gabriel! Hola, amigo. Hola, hola. ¿Qué tal? ¿Cómo te fue en el examen? ¿Necesitas estudiar más? ¿Por qué no estudiamos en mi casa?... Tus ojos son divinos». De repente, Gabriel miró a Anabel, y ella le sonrió.

«¡Ahora!», pensó Anabel. «Es el momento perfecto para hablar con Gabriel». Pero, en ese momento, la señora Gruñones se levantó y agarró los exámenes. Caminó hacia uno de los estudiantes con su examen en la mano. Ella miró al estudiante y le dijo en un tono cruel:

> – Sam, si tu inteligencia fuera[2] dinamita tú
> no podrías ni hacer explotar un mosquito.

Sam tenía vergüenza. Miró su examen... Tenía una F. Los insultos de la señora Gruñones eran constantes. Ella caminó hacia Caroline, la estudiante más

---

[2]*fuera - were*

inteligente de la clase. Todas sus respuestas eran correctas, pero también recibió una gran F. Caroline no comprendía por qué había recibido[3] una F si todas sus respuestas eran correctas.

> – ¡Señora, todas mis respuestas son correctas! ¿Por qué recibí una F?

La señora Gruñones la miró y le sonrió cruelmente.

> – Es simple. Tienes una F porque tú gruñiste –le dijo la señora.

Caroline respondió rápidamente:

> – ¡No es verdad! ¿Cuándo?... ¿Cuándo gruñí?
> – ¡Ahora! Acabas[4] de gruñir –respondió la señora Gruñones sonriendo cruelmente.
> – ¡No es justo! –exclamó Caroline.

Anabel ya no quería escuchar los insultos de la señora Gruñones. La maestra continuó insultando a varios estudiantes y, por fin, comenzó[5] la lección. Ella hablaba con un tono monótono. ¡Anabel estaba

[3]*había recibido - she had received*
[4]*acabas (de gruñir) - you just (complained)*
[5]*comenzó - she commenced, started*

cansada! Quería dormir. Le era difícil concentrarse. Anabel miraba a la maestra, pero rápidamente, se durmió.

Anabel estaba caminando. Estaba sola. Veía palmas y estrellas brillantes. También veía un océano grande.

De repente, vio a una persona caminando en su dirección. ¡Era su abuela!

> *– Anabel, quería visitarte para decirte algo importante. ¡Feliz cumple! Este día es muy importante para ti… Ahora tienes 13 años.*

Anabel estaba confundida. «¿Mi abuela me visitó para decirme 'Feliz cumple'»?, se preguntó Anabel. Entonces, su abuela continuó hablando:

> *– Vas a tener un talento extraordinario. Tú vas a tener un poder tremendo y raro. Vas a ver.*
>
> *– Abuela, ¿de qué poder hablas?*
>
> *– Es un poder que ha estado en la familia por...*

¡PUM! El sueño raro de Anabel se terminó de repente. La señora Gruñones le estaba gritando a Ana-

bel con un megáfono:

    – ¡No duermas en mi clase, imbécil[6]!

Anabel estaba horrorizada. No sabía que se

[6]*imbécil - imbecile, idiot*

había dormido. No quería llamar la atención de toda la clase. No quería que Gabriel viera[7] esta humillación. Ella quería desaparecer. Quería insultar a la señora Gruñones. Quería gritar.

Pero más que nada, Anabel quería escapar. Le dolía el estómago terriblemente… Sentía una gran presión y quería que se le aliviara el dolor. Necesitaba ir al baño… ¡ahora! «¡¿Qué me está pasando?!», pensó Anabel.

---

[7]*viera - he saw (She did not want him to see...)*

Capítulo 4
El temblor

Rápidamente Anabel se levantó y salió corriendo de la clase. Corrió al baño. Ella no sabía qué le estaba pasando. Tenía una sensación terrible en el estómago. La presión era enorme.

El estómago de Anabel iba a explotar. La presión necesitaba escapar. Anabel no la podía controlar. De repente, Anabel se tiró un enorme pedo.

El pedo no era normal.

El

       pedo

              no

                    terminaba…

El pedo causó un tremendo temblor. En todas partes de la escuela se sintió el movimiento. Todo se movía por la turbulencia. Los maestros gritaron. Los estudiantes corrieron. ¡Había caos en la escuela!

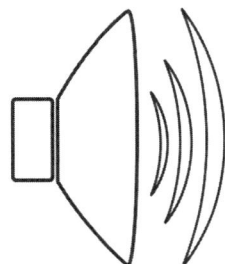

«¡Calménse!», dijo una voz de autoridad. Era el director de la escuela. El director continuó con el anuncio: «¡Evacúen la escuela! Esta es una evacuación real. Evacúen la escuela de manera ordenada».

Entonces se escuchó la alarma. «Wiiiuuu wiiiuuu wiiuuu». Los estudiantes comenzaron a evacuar la escuela y el pedo de Anabel continuó. Todos sentían el temblor y continuaban evacuando la escuela.

Anabel tenía vergüenza. «¿Los estudiantes y los maestros están escuchando mi gran pedo?», pensó. Por fin, el pedo desastroso terminó. Anabel temblaba. No quería salir del baño. ¡Qué vergüenza! «¿Realmente causé el temblor o solo fue una coincidencia?», se preguntó Anabel.

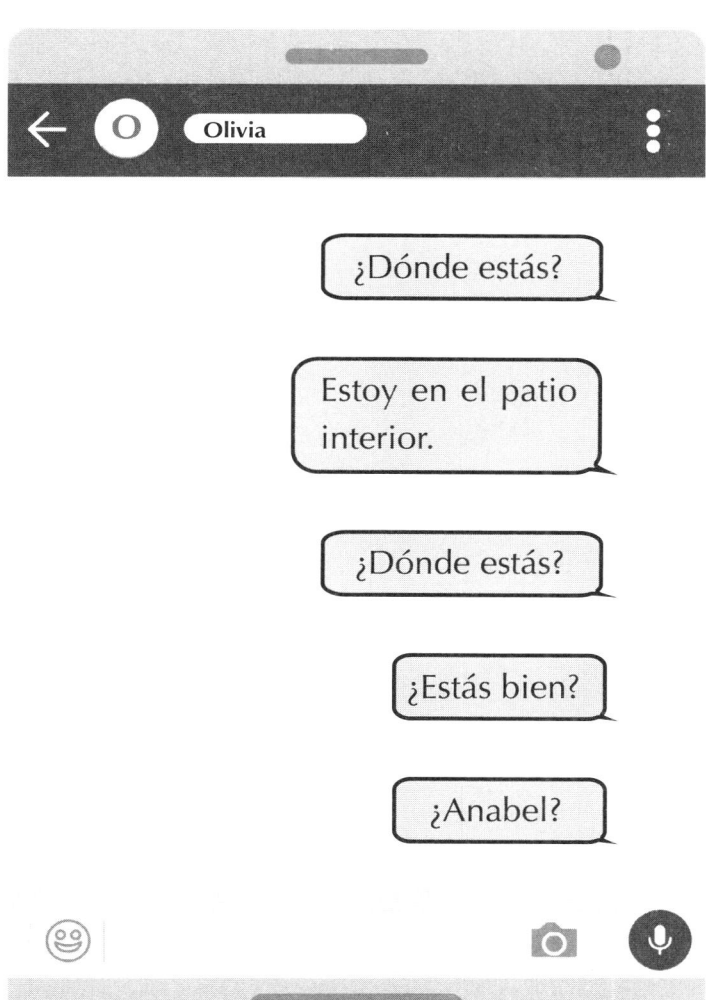

Todavía en el baño, Anabel miró su teléfono. Vio varios mensajes de texto de Olivia.

Ya no sentía presión en el estómago, y Anabel decidió salir del baño. Cuando salió del baño vio una gran destrucción. ¡Todo era un desastre! Horro-

rizada, Anabel caminó hacia el patio interior. Vio que muchos de los estudiantes estaban en el patio. Anabel vio a Olivia y, nerviosa, caminó hacia ella.

– Anabel, ¿estás bien? ¿Dónde estabas?

– No, no estoy bien –le respondió Anabel, todavía temblando–. Me siento terrible. Estoy muy cansada. No dormí bien porque me dolía mucho el estómago. Entonces por fin, me dormí… ¡en la clase de la terrible señora Gruñones! Tuve un sueño muy real. Mi abuela me visitó y me dijo que yo iba a recibir un...

Anabel no habló más. Pensó en el sueño y en el comentario de su abuela: «Ahora vas a tener un talento extraordinario. Tú vas a tener un poder tremendo y raro».

«No… no es posible», pensó Anabel temblando.

Capítulo 5
Poderes familiares

Anabel caminaba a su casa. Tenía muchas preguntas y quería hacerles muchas preguntas a sus papás: «¿Tienen una explicación para mi pedo horrible? ¿Esto le ha pasado a otra persona de la familia? ¿Qué poderes tienen los otros miembros de nuestra familia?».

Anabel continuó caminando. Pensaba en el enorme pedo y en sus experiencias con su familia. A Anabel, a Lupe y a su papá les gustaba tirarse pedos grandes. Les gustaba porque ¡a su mamá no le gustaban los pedos!

Su mamá reaccionaba con muchos comentarios cuando se tiraban pedos: «¡Ustedes son un grupo de animales! ¡Las chicas no se tiran pedos! ¿Te tirarías un pedo enfrente del presidente? ¡No! ¡Entonces no te tires pedos enfrente de mí!».

Ella pensó otra vez en el pedo que se había tirado[1] en el baño de la escuela. Tenía vergüenza. ¡Qué horror! Afortunadamente nadie sabía que el gran pedo de Anabel había causado el desastre en la escuela.

Nerviosa, Anabel entró a su casa. Sus papás la vieron entrar y, al instante, notaron que Anabel no estaba contenta.

– ¿Anabel, estás bien? –le preguntó su madre.

Anabel se sentó y miró a sus papás. Ella no sabía qué decir.

– Mamá, papá, tengo una pregunta. Es una pregunta rara. Por favor, díganme la verdad.

Los papás de Anabel se miraron el uno al otro. Estaban un poco nerviosos.

– Anabel, ¿qué tienes? –le preguntó su madre curiosa.

– Es una situación complicada… Quiero saber si existe un poder raro en la familia.

[1]*el pedo que se había tirado - the fart she had produced*

– ¿Por qué hablas de poderes familiares? –le preguntó su papá.

– Porque ocurrió un incidente en la escuela.

– ¿Qué incidente? –le preguntó su papá con voz seria.

– Tuve un sueño. Era muy real. Abuelita me visitó y me dijo que yo iba a tener un poder especial.

Otra vez, los papás de Anabel se miraron el uno al otro, pero no dijeron nada. Anabel miró a sus papás y repitió la pregunta:

– ¿Existe un poder raro en nuestra familia, sí o no?

Los papás de Anabel no respondían. Continuaron en silencio.

– ¡¿Sí o no?! –gritó Anabel irritada.

Por fin, su papá habló.

– Mi mamá, Frida, tenía habilidades raras. Ella podía mover objetos con sus poderes invisibles. También podía perfumar un espacio rápidamente. Si tu querías rosas, ella

podía perfumarlo todo con rosas en un instante. Si ella no te quería, ella perfumaba el
espacio con un olor horrible. Mi mamá era
muy especial, pero también misteriosa. Ella
nunca reveló cómo podía usar sus poderes.

Anabel no estaba contenta. No quería creer a sus
papás y ya no quería hablar con ellos. Ella se fue a
su dormitorio para comunicarse con Olivia.

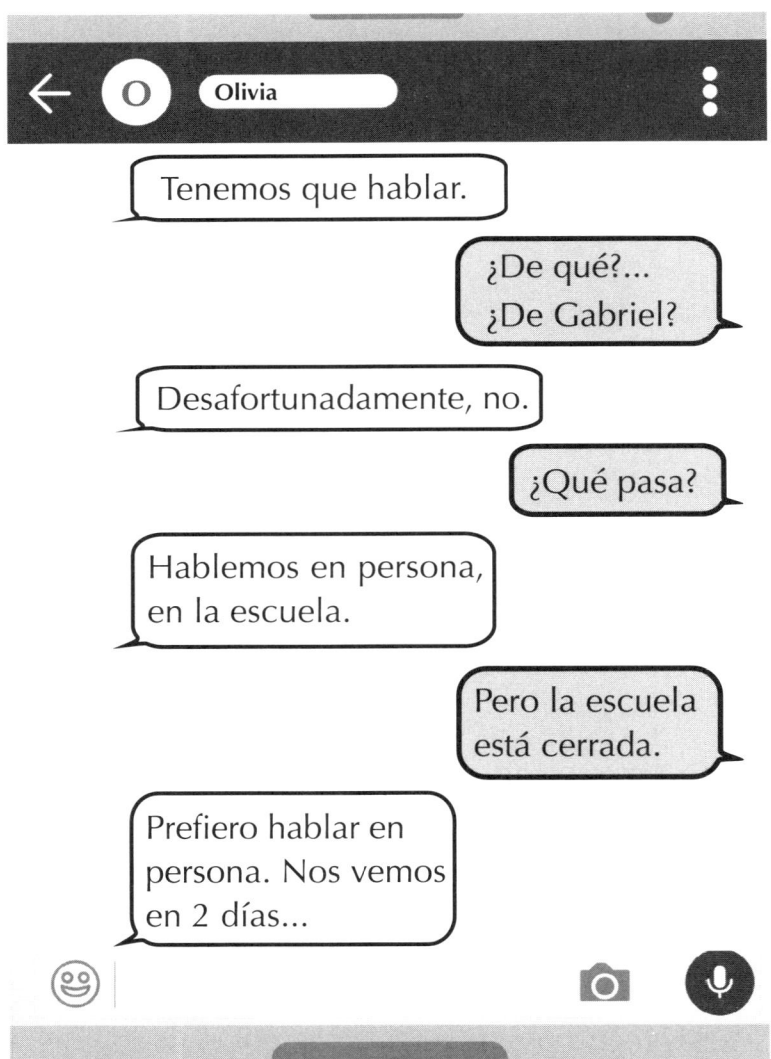

Capítulo 6
Revelaciones

Dos días después del temblor, Anabel caminó rápidamente hacia la escuela. Quería ver en qué condiciones estaba la escuela después de las reparaciones y también quería hablar con Olivia. Ella pasó por la escuela y, minutos después, fue al patio interior para hablar con Olivia. ¡Estaba nerviosa! Olivia entró al patio y sonrió cuando vio a Anabel. Caminó rápidamente hacia ella y le dijo:

– ¿Qué pasa, amiga?

Anabel miró todo el patio. No quería que nadie la escuchara. Entonces, comenzó a hablar:

– Olivia, yo causé el temblor en la escuela.

– Ja, ja, ja.

– En serio, Olivia. Yo lo causé.

– Anabel, no es posible. ¿Cómo lo causaste?

– Creo que tengo un poder especial…, especial y ¡horrible!... Un poder que no quiero.

– ¿De qué hablas? ¿Qué te pasa?

– No le puedes revelar mi secreto a nadie… ¡A NADIE! ¡Prométemelo!

– Te lo prometo –le respondió Olivia confundida–. No voy a revelarle tu secreto a nadie.

Anabel, otra vez, miró todo el patio para ver si otras personas estaban escuchándolas. Entonces, continuó:

– Ayer me dolió el estómago todo el día. Sentía mucha presión en el abdomen. Me sentía como si tuviera[1] mucho gas. Obvio… fui al baño para aliviarme de la presión. Me tiré un pedo, pero no fue un pedo normal. ¡Fue un pedo gigantesco! Me tiré el pedo durante 5 minutos. El pedo fue lo que causó el desastre en la escuela.

[1]*como si tuviera - as if I had*

– ¡Ja, ja, ja, ja, ja, ja! ¡Anabel, tú estás loca!

Anabel no respondió. Solo miró a Olivia con una mirada muy seria. Sorprendida, Olivia miró a Anabel con ojos grandes. No lo podía creer.

> – Pero es ridículo. No es posible que una persona se tire un pedo durante 5 minutos. No es posible que un pedo cause un temblor ni que destruya una escuela.

> – Olivia, yo sé que no es probable. Sé que es súper raro. Y sé que es difícil de creer, pero ¡es verdad!

> – Sí, Anabel, es difícil de creer –le respondió Olivia confundida–. Y yo no lo creo.

> – Olivia, es verdad. Creo que tengo el poder de… de tirarme súper pedos.

> – ¡Ja, ja, ja, ja, ja! Anabel, ¡qué cómico!

> – Olivia, es en serio, creo que tengo el poder de tirarme pedos enormes. Hablé con mis papás, y mi papá me dijo que mi abuela,

Frida, también tenía poderes misteriosos.

– ¿Me estás hablando en serio? –le preguntó Olivia sorprendida.

– ¡Sí! Creo que mi abuela también tenía el poder de tirarse súper pedos. Mi abuela apareció en mi sueño y me dijo: «Vas a tener un talento extraordinario. Tú vas a tener un poder tremendo y raro. Vas a ver».

– Si es verdad, ¿por qué no haces un experimento? ¡Tírate un pedo gigante en la clase de Gruñones la demonia! Imagínate su reacción… ¡Ja, ja, ja!

– Es una idea interesante…, pero no voy a tirarme un pedo en la clase de la señora Gruñones. Gabriel también tiene esa clase. Nunca voy a tirarme un pedo enfrente de Ga…

En ese momento, Gabriel entró al patio interior. Anabel sonrió y ya no continuó hablando. Ella miró

a Gabriel. Miró sus increíbles ojos. Gabriel se sentó con un grupo de amigos.

– Anabel… ¡Anabel! –le dijo Olivia irritada.

– ¡Uf! Lo siento, Olivia.

– ¿Por qué no haces un experimento ahora… en el patio? –le preguntó Olivia sonriendo.

– Ja, ja. No, Olivia… en el patio no, pero tengo una idea. Quiero hacer un experimento en la clase de Matemáticas. Tenemos un examen importante y no estudié. No estoy preparada para nada. Si yo puedo tirarme un pedo horrible en la clase del maestro Farquad, es probable que él cancele el examen.

– Anabel, ¡es una excelente idea!

Capítulo 7
La evacuación

El maestro Farquad era un maestro muy estricto, pero era un maestro excelente. A Anabel le gustaba mucho su clase.

Ella estaba nerviosa porque normalmente estudiaba para sus exámenes. Normalmente era una estudiante preparada y organizada. Pero con el dolor de estómago y el incidente en la escuela, ella no pudo concentrarse para estudiar.

Nerviosa, Anabel entró a la clase, agarró el examen y se sentó. Miró el examen y vio que era muy difícil. Había muchos problemas de matemáticas y muchas preguntas.

Anabel se sintió terrible. ¡No estaba preparada! «¡Qué dilema!», pensó Anabel. «¿Qué hago? ¿Completo el examen o me tiro un pedo para causar caos otra vez? No quiero tirarme un pedo en público. No quiero la reputación de chica grosera».

Anabel cerró los ojos y se concentró. Después de un minuto, sintió una presión en el estómago. Ella se concentró en la presión abdominal, se concentró en la sensación rara. Continuó concentrándose y, ahora, sentía mucha presión. Ella necesitaba aliviar el gas. Quería tirarse un pedo, pero no quería tirarse un pedo gigantesco. No quería causar un desastre, solo quería posponer el examen. Necesitaba tirarse un pedo silencioso y terrible.

Anabel se concentró mucho. Quería controlar el pedo. Quería que el pedo fuera silencioso. Nerviosa, ella comenzó a tirarse un pedo. Se lo tiró durante un minuto.

Después de un minuto, la presión en el estómago se fue. Anabel estaba feliz. Fue un pedo silencioso y bien controlado. Nadie lo detectó. «¡Excelente!», pensó Anabel. «El pedo no llamó la atención de los estudiantes. No ocurrió un desastre».

En ese momento, Anabel notó un olor horrible. El olor del pedo silencioso se expandió por el salón de clases y afectó a los estudiantes. Ellos gritaron: «¡Qué horror!».

– Creo que es un gas tóxico. ¡Evacúen el salón! –ordenó el maestro Farquad.

Los estudiantes evacuaron inmediatamente.

Capítulo 8
Seis minutos

Los estudiantes se escaparon de la clase de Matemáticas y fueron al patio interior. Había un grupo de estudiantes que hablaba y otro grupo que estudiaba. Anabel se sentó con el grupo que estudiaba. Estaba feliz porque tenía la oportunidad de estudiar. También estaba nerviosa. «¿El maestro Farquad sabe que fui yo quien causó el olor? ¿Que fui yo quien se tiró un pedo?».

Cuando la clase terminó, Anabel decidió ir al baño. Sentía una gran presión en el estómago y no quería entrar a la clase de Español con esa presión. No quería causar otro olor terrible en la clase de la señora Gruñones. «¡Qué vergüenza!», pensó Anabel. «Un pedo horrible sería fatal para una relación con Gabriel». Anabel entró al baño y, después de aliviar la presión en su estómago, fue rápidamente a la clase de Español. Caminaba rápidamente hacia el salón de clases cuando vio a Gabriel con Maddie.

Ellos también caminaban hacia el salón de clases. Estaban hablando, y Anabel quería escuchar su conversación.

> – ¡Tú eres una egoísta! –exclamó Gabriel irritado.
>
> – ¡¿Pero por qué dices eso, Gabriel?! –le respondió Maddie furiosa.

En ese momento, hubo un «biiiiiiip». Anabel escuchó el «biiiip» y se fue corriendo hacia el salón. Gabriel y Maddie también corrieron. ¡No querían entrar tarde a la clase de la señora Gruñones!

Anabel llegó al salón y, cuando estaba a punto de entrar, ¡Maddie la bloqueó! Maddie entró al salón sonriendo. Gabriel miraba a Maddie y estaba irritado con ella. Anabel notó que Gabriel estaba irritado y, contenta, entró al salón y le sonrió a Gabriel. Los estudiantes observaban la situación y estaban muy nerviosos. No querían ver la reacción de su cruel maestra. La señora Gruñones miró a Anabel y, furiosa, gritó:

> – Ustedes llegaron tres minutos tarde y ¡¿tú sonríes?!

Maddie miró a Anabel y le sonrió cruelmente. En ese momento, la señora Gruñones caminó hacia Maddie y gritó furiosamente:

– Si ustedes fueran más inteligentes serían idiotas. ¿Por qué llegaron tarde? No quiero excusas.

La maestra continuó insultando a los tres estudiantes, y ellos no pudieron responder. Solo pudieron escuchar los insultos terribles.

– Ustedes ya me robaron seis minutos de mi clase, y yo voy a recuperar esos minutos. ¡Quiero la restitución[1] de los minutos! Nos vemos inmediatamente después de clases.

– ¡Pero, señora!... –exclamó Maddie irritada.

La señora Gruñones miró a Maddie y le sonrió cruelmente. Maddie ya no habló más. Nadie habló. Todos estaban nerviosos. Finalmente, la señora Gruñones continuó con la lección, pero Anabel no la escuchó. No podía concentrarse. ¡Estaba nerviosísima!

[1]restitución - restitution, repayment

Capítulo 9
El clóset

Después de clases, los tres estudiantes entraron al salón de la señora Gruñones.

> – ¡Por fin llegaron! –exclamó la maestra irritada–. Ustedes van a organizar el clóset. ¡Vamos!

Nerviosos, los tres estudiantes caminaron al clóset. El clóset era muy grande y olía horrible. Todo estaba perfectamente organizado. Había muchos libros y muchos papeles. Todo estaba organizado en líneas perfectas. «Todo está muy organizado. ¿Por qué tenemos que organizarlo?», se preguntó Anabel confundida. En ese momento, la señora agarró los libros y los papeles y... ¡los tiró por el aire! Continuó agarrando y tirando papeles y libros.

– ¡Entren! –gritó la maestra con voz cruel y, entonces, forzó a los estudiantes a entrar al clóset.

La maestra sonrió cruelmente. El clóset era un desastre total y olía a moho[1].

– ¡Organícenlo! –gritó la señora Gruñones y, entonces, ella cerró la puerta violentamente.

Los estudiantes escucharon un «clic».

– ¡No hay escape! –gritó la maestra y se fue.

– ¡Qué injusticia! –gritó Maddie–. Una maestra no puede forzarnos a entrar a un clóset. Voy a llamar a mi papá.

Furiosa, Maddie agarró su celular para llamar a su papá.

– ¡Ay! El celular no funciona –gritó Maddie frustrada y, entonces, ella estornudó[2].

– Tenemos que organizar el clóset. ¡Rápido!

[1]moho - mold, mildew
[2]estornudó - she sneezed

–insistió Gabriel, también estornudando.

– Salud[3] –le dijo Anabel sonriendo–. ¡Hay mucho polvo! El aire en este clóset es tóxico.

Anabel miró a Gabriel. «No puedo creer que estoy en un clóset con Gabriel… ¡y con Maddie! Es una injusticia», pensó Anabel todavía sonriendo.

Maddie caminaba en círculos, levantando el celular en el aire. Movía el celular en círculos, pero no funcionaba.

Gabriel y Anabel organizaron los papeles y los libros. Maddie continuó estornudando.

– Este clóset es como un cementerio. Estos libros son de los años 60. ¡Mira! Este examen es de mi papá cuando él era estudiante! –dijo Gabriel.

–¡No puede ser! –sonrió Anabel.

Maddie no participó en la conversación. Ella estaba en silencio. Gabriel y Anabel continuaron organizando los libros. No notaron que Maddie realmente no se sentía bien.

[3]salud - health, gesundheit, bless you

Capítulo 10
El ataque

– Maddie, ¿no vas a ayudarnos? –le preguntó Gabriel.

Maddie no le respondió.

– ¡Maddie! –repitió Gabriel irritado.

Gabriel miró a Maddie y exclamó:

– ¡Maddie! ¿Estás bien?

Maddie estaba sufriendo un ataque de asma. El ataque era severo. ¡Necesitaba su inhalador!

– Maddie, ¿tienes tu inhalador? –le preguntó Gabriel.

Maddie no podía responder. Estaba inconsciente y no le respondió.

– ¡Ayuda! –gritó Anabel.

– ¡Estamos en el clóset! –gritó Gabriel con pánico–. ¡Ayuda!

– ¡No podemos escapar! –gritó Anabel desesperada.

Anabel y Gabriel gritaron mucho, pero nadie los escuchaba.

Maddie estaba sufriendo un grave ataque de asma. Su condición era muy seria.

– Anabel, necesitamos escapar… ¡inmediatamente! ¡Maddie necesita ayuda! ¿Qué podemos hacer?

El estómago de Anabel se movió y ella sintió una
presión familiar. «No», pensó Anabel. «No en el clóset. No enfrente de Gabriel». Anabel miró a Maddie
y miró a Gabriel. ¡No quería confesar que podía ayudarles a escapar del clóset! Por fin, ella decidió admitir que tenía una solución.

– Yo puedo ayudar. Tengo un talento especial, pero no es un talento popular. En realidad es horrible.

Gabriel miró a Anabel. Podía ver que Anabel
tenía vergüenza. Gabriel estaba muy confundido.
«¿Talento… no popular?», pensó Gabriel. Entonces,
le preguntó:

– ¿De qué estás hablando, Anabel?

– En un momento lo vas a ver –le respondió
Anabel con un tono raro.

Anabel caminó hacia la puerta. Cerró los ojos y pensó en las consecuencias de tirarse un pedo enfrente de Gabriel, pero no tenía otra opción. Al final, decidió tirarse un pedo. Se concentró con determinación y, después de un minuto, sintió la presión en el abdomen.

Anabel continuó concentrándose y, después de otro minuto, sintió una enorme presión. «Concéntrate», pensó Anabel. «1, 2, 3». En ese momento, Anabel se tiró un pedo catastrófico. La puerta del clóset explotó violentamente.

> – ¿Qué pasó? –exclamó Gabriel–. ¿Cómo causaste esa explosión?

> – No te lo puedo explicar ahora. Necesitamos ayudar a Maddie. ¡Es urgente!

Los dos agarraron a Maddie y salieron del clóset. Estaban nerviosos. «¿Dónde está la señora Gruñones?», se preguntaron. Gabriel y Anabel no vieron a nadie.

– ¡Rápido! ¡Maddie necesita atención médica!

Fueron al hospital y, al llegar, le explicaron la situación a un doctor. Inmediatamente el doctor se fue con Maddie.

– Anabel, ¿qué causó la explosión? –le preguntó Gabriel con curiosidad.

Anabel tenía mucha, mucha vergüenza. No quería confesar que se había tirado[1] un pedo. No le respondió a Gabriel. Gabriel la miró y sonrió. Entonces, le dijo:

– Anabel, yo creo que tú te tiraste el pedo más grande del universo.

Anabel no dijo nada. ¡Tenía mucha vergüenza! No quería hablar más con Gabriel. «Me tiré un pedo explosivo enfrente de la chica más cruel y del chico más atractivo de la escuela. Mi reputación está arruinada», pensó Anabel. Entonces, ella se levantó y caminó hacia la puerta.

[1]*se había tirado (un pedo) - had produced a fart, had farted*

Capítulo 11
Flaterina

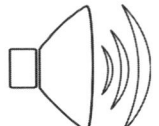 «Gabriel Vargas y Anabel Santos a la oficina. Gabriel Vargas y Anabel Santos a la oficina. ¡Inmediatamente!».

Anabel escuchó el anuncio y se levantó. Nerviosa, salió de la clase de Ciencias y fue a la oficina.

Cuando Anabel llegó a la oficina, vio a Gabriel. Estaba hablando con el director Musiala. El director era una persona muy estricta. Todos los estudiantes le tenían miedo[1]. Anabel no era la excepción. ¡Ella tenía miedo! Nerviosa, Anabel caminó hacia el director.

> – ¿Ustedes dos son los que ayudaron a Maddie?

> – Sí –respondieron.

Anabel miró a Gabriel con miedo en los ojos. Él también estaba nervioso. ¿Qué iba a hacer el director?

> – Vamos –ordenó el director y, entonces, los

[1]tenían miedo - they had fear, were afraid

tres salieron de la oficina.

Caminaron hacia el salón de la señora Gruñones. ¡Anabel tenía miedo! No quería ver a la señora
Gruñones. El director caminó hacia el clóset. La
puerta estaba completamente destruida. El director
miró a Gabriel y a Anabel y les dijo con voz seria:

>–¿Por qué estaban en este clóset y qué le
>pasó a la puerta?

Anabel no quería revelarle su secreto al director.
Pensó en las consecuencias de tener reputación de
delincuente. ¡Ella estaba muy nerviosa! No podía
hablar. Gabriel, también nervioso, decidió explicar
la situación:

>– Llegamos tres minutos tarde a la clase de la
>señora Gruñones. La maestra quería recu-
>perar los minutos y nos ordenó que organi-
>záramos el clóset después de clases.
>Fuimos a organizarlo, y la señora nos forzó
>a entrar. Había mucho polvo en el clóset y
>Maddie tuvo un ataque de asma. El ataque
>fue severo y Maddie necesitaba ayuda. ¡Era
>urgente!

– ¿Qué le pasó a la puerta?

Anabel habló:

  – Yo me… –respondió Anabel, pero Gabriel la interrumpió.

– Yo usé un extintor de fuego. Escuchamos una explosión y la puerta… usted ya ve.

– Está bien –dijo el director. Pueden irse.

El director se fue a su oficina, y Gabriel y Anabel caminaron a sus clases.

– Gracias por no revelarle mi secreto al director –le dijo Anabel.

– No pasa nada –le respondió Gabriel sonriendo–, solo el pedo más grande del universo.

¡Anabel tenía vergüenza!

– Anabel, yo puedo tirarme pedos grandes, pero no como los tuyos. ¡Uau! Estoy impresionado. ¡Tu talento es único e increíble!

«Mi reputación está destruida», pensó Anabel. Ella quería salir corriendo, pero Gabriel le agarró la mano y continuó:

– Eres una persona diferente. Eres generosa, inteligente y valiente[2]. Realmente eres una heroína, una heroína improbable –le dijo

[2]*valiente - valient, brave*

Gabriel sonriendo–. Voy a llamarte Flaterina[3]. ¿Flaterina, quieres salir conmigo[4]?

¡Anabel no podía creerlo! Después de todo, Gabriel quería salir con ella.

– ¿Realmente quieres salir conmigo? –le respondió Anabel, felizmente.

– ¡Obvio!

En ese momento, Anabel vio a un chico. Era un
delincuente y estaba agarrando agresivamente el celular de otro chico. ¡Se lo estaba robando! Inmediatamente, Anabel sintió una presión familiar en el
abdomen.

– Un momento, Gabriel. Creo que necesito
aliviar un poco de presión estomacal...

[3]*Flaterina - name based on the medical term for 'fart', flatu-
lence (Spanish: flatulencia); Thanks to Dr. Alberto Andrade
for giving our heroine a name.*

[4]*conmigo - with me*

Glosario

A

a - to

abdomen - abdomen

abdominal - abdominal

abruptamente - abruptly

abuela - grandmother

abuelita - grandma

acabas - just

admitir - to admit

afectó - s/he, it affected

afortunadamente - fortunately

agarrando - grabbing

agarraron - they, you grabbed

agarró - s/he grabbed

agresivamente - aggressively

ahora - now

aire - air

al - to the

alarma - alarm

algo - something

aliviar - to relieve, to alleviate

(que) aliviara - (that) s/he relieve, alleviate

aliviarme - to relieve myself

amiga(s) - friend(s)

amigable - friendly

amigo(s) - friend(s)

animales - animals

años - years

anuncio - announcement

apareció - s/he, it appeared

apendicitis - appendicitis

arruinada - ruined

asma - asthma

ataque - attack

atención - attention

atormentar - to torment

atractivo(a) - attractive

aún - even

autoridad - authority

ayer - yesterday

ayuda - s/he helps

ayudar - to help

ayudarles - to help them

ayudaron - they helped

B

banano - banana

baño - bathroom

bien - good, well

biiiip - beeeeep

brillantes - brilliant

C

calménse - calm down, calm yourselves

caminaba - s/he walked

caminaban - they walked

caminando - walking

caminaron - they walked

caminó - s/he walked

(que) cancelara - (that) s/he cancel

cansada - tired

caos - chaos

casa - house

catastrófico - catastrophic

(había) causado - (s/he had) caused

causar - to cause

causaste - you caused

(que) cause - (that) it cause

causé - I caused

causó - s/he caused

celular - cell phone

cementerio - cemetery

cerrada - s/he closed

cerró - s/he closed

chica(s) - girl(s)

chico - boy

chocolate - chocolate

ciencias - science

círculos - circles

clase(s) - class(es)

clic - click

clóset - closet

coincidencia - coincidence

color(es) - color(s)

come - s/he eats

comentario(s) - comment(s)

comentó - s/he commented

comenzaron - they began, started

comenzó - s/he, it began, started

comían - they ate

cómico - funny, comical

cómics - comics

como - like, as

cómo - how

completamente - completely

completo - I complete

comprendía - s/he understood

comunicó - s/he communicated

con - with

concentrándose - concentrating, focusing herself

concentrarse - to concentrate

concentró - s/he concentrated

condición - condition

confesar - to confess

confundida - confused

confundido - confused

conmigo - with me

consecuencias - consequences

constantes - constant

contenta - happy, content

continuaban - they continued

continuaron - they continued

continuó - s/he continued

controlado - controlled

controlar - to control

conversación - conversation

correctas - correct

corriendo - running

corrieron - they ran

corrió - s/he ran

creer - to believe, to think

creerlo - to believe, think it

creo - I believe, think

cruel - cruel

crueldad - cruelty

cruelmente - cruelly

cuando - when

cuándo - when

cumpleaños - birthday

curiosa - curious

curiosidad - curiosity

D

de - of, from

decidida - decided

decidió - s/he decided

decir - to say, tell

decirme - to say to me, to tell me

decirte - to say to you, to tell you

decorado - decorated

decorar - to decorate

del - of the

delincuente - delinquent

demonia - demon

desafortunadamente - unfortunately

desaparecer - to disappear

desastre - disaster

desastroso - disastrous

desesperada - desperate, hopeless

después - after

destrucción - destruction

destruida - destroyed

(que) destruya - (that) it destroy

detectó - s/he detected

determinación - determination

día(s) - day(s)

dices - you say

diferente - different

difícil - hard, difficult

díganme - tell me

dijeron - they said

dijo - s/he said

dilema - dilemma

dinamita - dynamite

dirección - direction

directamente - directly

director - director

divinos - divine

doctor - doctor

dolía - s/he, it hurt

dolió - s/he, it hurt

dolor - pain

dónde - where

dormí - I slept

(había) dormido - (s/he had) slept

dormir - to sleep

dormiste - you slept

dormitorio - bedroom

dos - two

(no) duermas - don't sleep!

durante - during

(se) durmió - s/he slept (fell asleep)

E

egoísta - selfish

el - the

él - he

ella - she, her

ellos - they

en - in

enfrente - in front of

enorme(s) - huge, enormous

entonces - then, so

entrar - to enter

entraron - they entered

entren - come in!

entró - s/he entered

entusiasmo - enthusiasm

era - s/he, it was

eran - they were

eres - you are

es - s/he, it is

esa - that

esas - those

escapar - to escape

escaparon - they escaped

escape - escape

escuchaba - s/he heard, listened

escuchamos - we heard

escuchando - hearing, listening to

escuchándolas - listening to them

escuchar - to hear, to listen

(que) escuchara - (that) s/he hear

escucharon - they heard, they listened to

escuchó - s/he listened

escuela - school

ese - that

eso - that

espacio - space

español - Spanish

especial - special

esta - this

está - s/he is

estaba - s/he, it was

estábamos - we were

estaban - they were

estabas - you were

(ha) estado - (s/he had) been

estamos - we are

están - they are

estar - to be

estás - you are

este - this

esto - this

estomacal - stomach

estómago - stomach

estornudando - sneezing

estornudó - s/he sneezed

estos - these

estoy - I am

estrellas - stars

estricto(a) - strict

estudiaba - s/he studied

estudiamos - we study

estudiante(s) - student(s)

estudiar - to study

estudié - I studied

evacuación - evacuation

evacuando - evacuating

evacuar - to evacuate

evacuaron - they evacuated

evacúen - evacuate!

exacto - exact

examen - test

exámenes - tests

excelente - excellent

excepción - exception

exclamó - s/he exclaimed

excusas - excuses

existe - exist

existían - they existed

(que) existieran - (that) they exist

expandió - s/he, it expanded

expansión - expansion

experiencias - experiences

experimento - experiment

explicación - explanation

explicar - to explain

explicaron - they explained

explosión - explosion

explosivo - explosive

explotar - to explode

explotó - s/he, it exploded

extintor de fuego - fire extinguisher

extraordinario - extraordinary

F

fabulosa - amazing, fabulous

familia - family

familiar - familiar

familiares - relating to the family, familiar

fantasías - fantasies

fatal - fatal, deadly

favoritos - favorite

feliz - happy

felizmente - happily

fin - end

final - final

finalmente - finally

forzarnos - to force us

forzó - s/he forced

foto(s) - photo(s)

frente - front

frustrada - frustrated

fue - s/he, it was; s/he, it went

fuego - fire

(que) fuera - (that) it were, be

(si) fueran - (if) you all were

fueron - they went

fui - I was; I went

fuimos - we went

funciona - works

funcionaba - s/he, it worked

furiosa - furious

furiosamente - furiously

G

gas - gas

generosa - generous

gigante - giant

gigantesco - gigantic

gracias - thanks, thank you

gran - big

grande(s) - big, large

grave - grave, serious

gritando - yelling

gritar - to yell

gritaron - they yelled

gritó - s/he yelled

grosera - rude, crude

gruñí - I complained (groaned)

gruñir - to complain (groan)

gruñiste - you complained (groaned)

grupo - group

gustaba - s/he liked

gustaban - they liked

gustó - s/he liked

H

ha - has

había - there was, there were; had

habilidades - abilities

hablaba - s/he was talking

hablando - talking

hablar - to talk

hablarle - to talk to him

hablas - you talk

hablé - I talked

hablemos - let's talk

habló - s/he talked

hacer - to do; to make

hacerles - to ask them; to make them

haces - you do

hacia - towards

hago - I do

hay - there is, there are

hermana - sister

héroe - hero

heroína - heroine

hola - hello, hi

horas - hours

horrible - horrible

horror - horror

horrorizada - horrifiec

hospital - hospital

hubo - there was

humillación - humiliation

I

iba - s/he was going

idea - idea

idiotas - idiots

imaginación - imagina⁻ion

imagínate - imagine

imbécil - imbecil, idiot

importante - important

impresionado - impressed

improbable - improbable; unlikely

incidente - incident

inconsciente - unconscious

increíble(s) - incredible; un-
believable

inhalador - inhaler

injusticia - injustice

inmediatamente - immedi-
ately

inmensa - immense

insistió - s/he insisted

instante - instant

insultando - insulting

insultar - to insult

insultos - insults

inteligencia - intelligence

inteligente - intelligent

interesante - interesting

interior - interior

interrumpió - s/he inter-
rupted

invisibilidad - invisibility

invisibles - invisible

ir - to go

irritada(o) - irritated

irse - go

J

ja ja - ha ha

ji ji - hee hee

justo - fair, just

L

la - the, her

las - the, them

le - him, her, you

lección - lesson

les - them

levantando - lifting

levantó - s/he lifted; s/he
stood up

libros - books

líneas - lines

llamar - to call

llamarte - to call you

llamó - s/he, it called

llegamos - we arrive

llegar - to arrive

llegaron - they arrived

llegó - s/he arrived

lo - it

loca - crazy

lócker - locker

los - the

M

madre - mom

maestra(o) - teacher

maestros - teachers

mamá - mom

manera - way

mano(s) - hand(s)

más - more

matemáticas - math

me - me

médica - medical

medicina - medicine

megáfono - megaphone, loudspeaker

mensajes - messages

mi(s) - my

mí - my

miedo - fear

miembros - members

minuto(s) - minute(s)

mira - s/he looks at

miraba - s/he looked at

mirada - look, glance

mirarla - looking at them

miraron - they looked at

miró - s/he looked at

misteriosa - mysterious

misteriosos - mysterious

modos - ways

moho - mold, mildew

momento - moment

monótono - monotonous

mosquito - mosquito

mover - to move

movía - s/he, it moved

movimiento - movement

movió - s/he moved

mucha(o) - a lot

muchas(os) - many

muy - very

N

nada - nothing

nadie - no one

necesita - s/he needs

necesitaba - s/he needed

necesitamos - we need

necesitas - you need

necesito - I need

nerviosa(o) - nervous

nerviosísima - very nervous

nerviosos - nervous

ni - neither... nor

niñas - girls

no - no

normal - normal

normalmente - normally

nos - us; each other

notaron - they noticed

notó - s/he noticed

nuestra - our

nunca - never

O

objetos - objects

observaron - they observed

observó - s/he observed

obvio - obvious

ocasión - occasion

océano - ocean

ocurrió - occurred

ofensivos - offensive

oficina - office

ojos - eyes

olía - s/he, it smelled

olor - smell

opción - option

oportunidad - opportunity

ordenada - ordered, orderly

ordenó - s/he ordered

organícenlo - organize it

organizada(o) - organized

organizar - to organize

organizáramos - we organize

organizarlo - to organize it

organizaron - they organized

otra(o) - other

otras(os) - others

P

palmas - palm trees

pánico - panic

panqueques - pancakes

papá - dad

papás - parents

papeles - parents

para - for, in order to

partes - parts

participó - s/he participated

(no) pasa (nada) - no big deal

pasado - happened

pasando - happening

pasó - happened

patio - patio, central quad of a school

pedo(s) - fart(s)

pensaba - s/he thought

(había) pensado - (s/he had) thought

pensó - s/he thought

perfecta(o) - perfect

perfectamente - perfectly

perfectas - perfect

perfumaba - perfumed

perfumar - to perfume

perfumarlo - perfume it

pero - but

persona - person

personas - people

piensa - s/he thinks

piensas - you think

planeaba - s/he planned

poco - (a) little

podemos - we can, we are able to

poder(es) - power

podía - s/he, it could

podían - they could

podrías - you could

poema - poem

polvo - dust

popular - popular

por - for; by

por favor - please

por fin - finally

por qué - why

porque - because

posible - possible

posponer - postpone

practicó - s/he practiced

pregunta - s/he asks

preguntaron - they asked

preguntas - questions

preguntó - s/he asked

preparada - prepared

preparé - I prepared

presidente - president

presión - pressure

probable - probable

problemas - problems

profesora - teacher

prométemelo - promise me

prometo - promise

público - public

pudieron - they could

pudo - s/he could

puede - s/he, it can

pueden - they can

puedes - you can

puedo - I can

puerta - door

punto - point

Q

que - that

qué - what

quería - s/he wanted

querían - they wanted

querías - you wanted

quien - who

quieres - you want

quiero - I want

R

rápidamente - quickly

rápido – fast, quick

rara(o) – strange

raras – strange

reacción – reaction

reaccionaba – s/he reacted

real – real

realidad – reality

realmente – really

recibí – I received

(había) recibido – (s/he had) received

recibió – s/he received

recibir – to receive

recuperar – to recuperate

relación – relationship

reparaciones - repair of damage

(de) repente – suddenly

repitió – s/he repeated

reputación – reputation

responder – to respond

respondían – they re- sponded

respondieron – they re- sponded

respondió – s/he responded

respuestas – answers

restitución – restitution, restoration

revelar – to reveal

revelarle – to reveal to him/her

reveló – s/he revealed

ridículo – ridiculous

robando – stealing

robaron – they stole

roca – rock

rosas – roses

S

sabe – s/he knows

saben – they know

saber – to know

sabía – s/he knew

salieron – they left

salió – s/he left

salir - to leave

salón - room

salud - bless you, health

se - himself, herself, itself, each other

sé - I know

secreto - secret

seis - six

señora - Mrs.

sensación - sensation

sentada - seated

(estaba) sentado - (s/he was) seated

sentía - s/he felt

sentían - they felt

sentó - s/he sat down

ser - to be

seria(o) - serious

sería - s/he, it would be

serían - they would be

severo - severe

si - if

sí - yes

sientes - you feel

siento - I feel

silencio - silence

silenciosamente - silently

silencioso - silent

simple - simple

sintió - s/he felt

situación - situation

sola(o) - only

solución - solution

son - they are

sonreía - s/he smiled

sonriendo - smiling

sonríes - you smile

sonrió - s/he smiled

sonrisa - smile

sorprendida - surprised

soy - I am

su - his, her

sueño - dream

sufriendo - suffering

súper - super, very

superhéroes - superheroes

superheroína – super heroine

superpoder – superpower

sus – their

T

(que) tal – how's it going

talento – talent

también – also

tarde – late

te – you

teléfono – telephone

temblaba – s/he trembled

temblando – trembling

temblor – earthquake

tenemos – we have

tener – to have

tengo – I have

tenía – s/he had

tenían – they had

terminaba – s/he, it ended

terminó – s/he, it ended

terrible(s) – terrible

terriblemente – terribly

texto – text

ti – you

tiene – s/he, it ended has

tienen – they have

tienes – you have

(se) tiraban (pedos) - they
farted

(había) tirado (un pedo) -
(s/he had) thrown (a
fart), s/he had farted

tiran (pedos) - they fart

tirando - throwing

(te) tirarías (un pedo) -
would you fart

tirarme (pedos) - to fart

tirarse (pedos) - to fart

(te) tiraste (el pedo) - you
farted

tírate (un pedo) - fart!

(que se) tire (un pedo) -
(that) s/he fart

(me) tiré (un pedo) - I farted

(te) tires (un pedo) - you fart

(me) tiro (un pedo) - I fart

(se) tiró (un pedo) - s/he farted

toda(o) - all, everything

todas(os) - all, everything

todavía - still

tono - tone

total - total

tóxico - toxic

tremendo - tremendous

tres - three

tu - your

tú - you (informal)

turbulencia - turbulence

tus - your

tuve - I had

tuviera - I had

tuvo - s/he had

tuyos - your

U

uau - wow

uf - oof

un(a) - a, an

único - unique

universo - universe

uno - one

urgente - urgent

usar - to use

usé - I used

usted - you (formal)

ustedes - you all

V

valiente - brave

vamos - let's go

van - they go

varios - various

vas - you go

ve - s/he sees

veeía - s/he saw

vemos - we see

ver - to see

verdad - truth

(que) vergüenza - (how) embarrassing

(tenía) vergüenza - (s/he was) embarrassed

verlo - to see him

ves - you see

vez - time

viera - see

vieron - they saw

vio - s/he saw

violentamente - violently

(había) visitado - (s/he had) visited

visitarte - to visit you

visitó - s/he visited

voy - I go, I am going

voz - voice

Y

ya - already

yo - I

More compelling reads to inspire and engage you!

40+ titles to choose from!

ALSO AVAILABLE AS E-LEARNING MODULES.

Fluencymatters.com

Acknowledgments

The wacky idea for this book is thanks to two young boys who don't even know I exist. Their conversation was shared on Facebook in a post written by my friend, Haiyun Lu on June 20, 2018.

Overheard a conversation between my son,Rayyang, and his friend:

Friend: My mom's fart is super powerful. One time, she farted, blasted off a door, and it fell over my toys and smashed all of them.

Rayyang: My mom's fart is even more powerful. She farts like a thunder. One time, I saw she farted and blasted a tree apart.

I couldn't stop laughing after reading this. I knew right then and there that a farting superhero needed to come to life.

I am grateful to my husband, Jon, for helping me bring order to the chaos of my creativity. Craig Klein Dexemple, thank you for your encouragement and for laughing so openly as you proofread the story. Carlos Velasquez, thank you for generously providing me with your feedback along the way. Jim Wooldridge, thank you for your input and guidance with this project. You bring everything you're involved with to another level. Carol Gaab, thank you for making this story sing. You are the best editor an author could hope for.

And finally to my father... thank you for showing me over and over again the delight and humor in a really good fart.